SYLVIE FABRE

Écologique & économique

PRODUITS D'ENTRETIEN FAITS MAISON

Récurer, désinfecter, parfumer

massin

SOMMAIRE

DIY !
(DO IT YOURSELF)

Mise en garde : *Nous déclinons toute responsabilité quant aux usages des astuces contenues dans ce livre qui seraient dus à une mauvaise utilisation des produits ou à des conduites dangereuses.*

3 BONNES RAISONS DE FABRIQUER SES PRODUITS

Le « Do it yourself » (« faire soi-même ») est la grande tendance du moment pour la décoration intérieure. Et si on appliquait également ce principe à l'entretien de la maison ? Voici trois arguments de taille pour se décider et se lancer dans la fabrication de ses produits de ménage.

C'est bon pour la santé et pour la planète

Aujourd'hui, on nous propose, à grand renfort de packaging et de messages alléchants, des solutions miracle pour tout nettoyer sans effort en nous débarrassant des bactéries, tout cela enrobé d'une saine odeur de propre.

Pour parvenir à ce résultat, les industriels multiplient solvants, tensio-actifs et autres composés chlorés...

Soyons vigilant

Selon l'Observatoire de la qualité de l'air intérieur (Oqai), l'air intérieur est plus pollué que l'air extérieur. Les produits d'entretien sont en partie responsables de cet état de fait. Selon l'Ineris (Institut national de l'environnement industriel et des risques), 91 % des produits ménagers dégagent des composés cancérogènes, notamment par la libération d'un composé volatil organique, le formaldéhyde, reconnu cancérogène par le CIRC (Centre international de recherche sur le cancer).

- **L'eau de Javel,** présente dans bon nombre de poudres et de liquides de nettoyage, peut par exemple générer des composés organochlorés, toxiques et cancérogènes, soupçonnés de nuire aux systèmes de reproduction, neurologique et immunitaire.
- **La plupart des aérosols** contiennent des ingrédients neurotoxiques et responsables d'asthme et d'allergies.

- **Si les composants des produits ménagers industriels** ne sont pas bons pour la santé, ils le sont encore moins pour la nature. Issus de dérivés pétrochimiques et de la chimie de synthèse, ils sont peu ou pas biodégradables et extrêmement néfastes pour l'environnement.

- **Bicarbonate de soude, vinaigre blanc, savon de Marseille, savon noir, citron...** étaient déjà utilisés par nos grands-mères. Il s'avère que ces produits restent encore les rois de l'efficacité pour nettoyer notre intérieur sans nous intoxiquer. Par ailleurs, ils sont biodégradables et présentent une empreinte carbone raisonnable, vu le peu d'emballages qu'ils génèrent.

C'est économique

Avec du vinaigre blanc à moins d'1 euro le litre, du bicarbonate de soude à 3 euros les 500 g, du savon noir à 5 euros le litre, du savon de Marseille à 3 euros le bloc de 600 g... vous pouvez remplacer le nettoyant multi-usages, la lessive et l'assouplissant, le produit lave-vitre, les produits pour lave-vaisselle, les détartrants, les produits déboucheurs de canalisation, les désodorisants et bien d'autres produits encore... Pas besoin de faire le calcul pour imaginer les économies réalisées.

C'est personnalisé

Quel plaisir de nettoyer avec des produits faits maison ! On se sent déjà rassuré en sachant que notre intérieur sera sain, mais l'intérêt est aussi dans le sur-mesure.

Réaliser une lessive spéciale pour bébé à la peau si fragile, sentir la bonne odeur de notre senteur préférée après chaque lavage... La multitude des recettes possibles permet de choisir celle qui nous convient. Les hydrolats ou les huiles essentielles offrent, en prime, le luxe de choisir un parfum naturel incomparable qui embaumera notre intérieur et lui apportera une touche personnalisée unique.

IMPORTANT

Des composés nocifs pour la santé

LA COMPOSITION CHIMIQUE DES PRODUITS DOIT APPARAÎTRE SUR LES ÉTIQUETTES MAIS, LA PLUPART DU TEMPS, CES INDICATIONS RESTENT VAGUES. POUR EN SAVOIR PLUS, IL FAUT VÉRIFIER LES COMPOSITIONS EXHAUSTIVES SUR LE SITE INTERNET INDIQUÉ SUR L'ÉTIQUETTE DU PRODUIT.

Voici les principaux agents toxiques rencontrés dans les produits d'entretien :

- **Les éthers de glycol (éthylène glycol),** solvants pouvant altérer la fertilité ou causer des effets toxiques sur le développement.
- **L'ammoniac,** irritant pour les voies respiratoires. À éviter absolument si l'on est asthmatique.
- **Le formaldéhyde** (dans les produits vaisselle, désinfectants, lingettes, insecticides), cancérogène.
- **Les parfums de synthèse,** potentiellement allergènes.
- **Les agents désinfectants et antibactériens** qui favorisent l'apparition de souches résistantes et pourraient avoir d'autres effets délétères sur notre santé.
- **La famille des isothiazolinones,** et notamment le méthylisothiazolinone (MIT) utilisé comme conservateur à la place du paraben. Ils peuvent provoquer des irritations et des eczémas de contact.
- **Le benzène** (dans les assainisseurs d'air), cancérogène.
- **Les phosphates** (dans les produits pour lave-vaisselle notamment) qui asphyxient les cours d'eau.

Rien de plus facile que de préparer vos produits à partir de produits naturels. Seul inconvénient, il faut prendre le temps ! Le mieux est d'en fabriquer un bon volume d'avance. Pas de risque qu'ils s'abîment : ces produits se conserveront aussi bien que ceux du commerce : un mois voire plus.

1

C'EST DÉCIDÉ, JE ME LANCE

COMMENT JE M'Y PRENDS ?

Vous débutez ? Commencez peut-être par réaliser une seule recette, le nettoyant multi-usages ou la lessive par exemple. Lorsque vous aurez pris le coup de main, vous pourrez voir les choses en grand et réaliser une fois par mois votre panoplie du parfait « docteur propre ».

S'organiser

Préparer ses produits d'entretien demande un minimum d'organisation. C'est un peu comme préparer un bon repas, il faut prévoir avant tout la recette, les ingrédients, les récipients et les outils. Avant de commencer, déterminez les recettes que vous allez réaliser pour lister les ingrédients qu'il vous faut afin de ne manquer de rien le jour de la préparation.

Bien s'équiper

Partez à la chasse des contenants qui accueilleront vos produits. Recyclage oblige, cherchez avant tout des anciens bidons de lessive et de produit vaisselle, d'anciens vaporisateurs et pots en plastique ou en verre à fermeture hermétique. Évitez les contenants alimentaires, genre pots de confiture, pour éviter le risque de confusion.

Tous ces récipients doivent être nettoyé scrupuleusement. L'idéal étant de les stériliser.

• **Pour les matières plastiques et toutes les pompes de spray,** vous pouvez stériliser à l'alcool (min. 60 ° vol.). Imbibez d'alcool un chiffon propre ou un essuie-tout et frottez l'intérieur du contenant avec. Si ce n'est pas possible, versez l'alcool à l'intérieur, bouchez-le et secouez-le plusieurs fois afin d'asperger toutes les parois.

• **Pour les pompes,** pompez l'alcool afin de remplir totalement le circuit. Puis pompez à vide pour le vider et le sécher.

ATTENTION: Le port des gants est recommandé car l'alcool est agressif pour la peau.

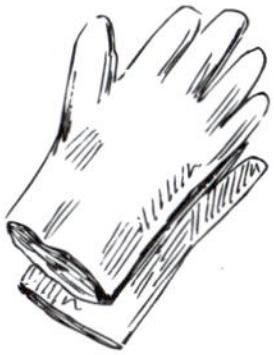

• **Pour les autres matériaux** (verre, aluminium...), stérilisez à l'eau bouillante. Remplissez à moitié une grande casserole et immergez entièrement le contenant. Portez à ébullition et laissez bouillir au moins 5 minutes. Sortez le récipient avec précaution à l'aide d'un ustensile propre (par exemple une pince à glaçons, une pince à salade ou tout autre outil résistant à la chaleur) et d'un essuie-tout. Déposez-le sur un linge propre et laissez-le sécher.

ATTENTION: Prenez garde de ne pas vous brûler. L'utilisation d'une Cocotte-minute ou d'un stérilisateur à biberons facilite l'opération et limite les risques de brûlure.

• **Préparez aussi le matériel pour réaliser vos recettes:** cuillères en bois ou en plastique, verre doseur, balance, éponge, etc. (à stériliser aussi de préférence). Pensez aux chiffons. Oubliez les lingettes, peu écologiques côté déchets, utilisez plutôt vos vieux draps ou des tee-shirts que vous aurez préalablement lavés.

Étiqueter

L'étiquetage est indispensable. Rien qui se ressemble plus visuellement qu'une lessive liquide et une lessive pour lave-vaisselle. Mais gare à la confusion: une lessive pour le linge dans le lave-vaisselle et c'est une marée de mousse à l'horizon! Donc, sur ces étiquettes, il faut noter le nom du produit, sa composition (utile pour renouveler ou améliorer la recette), son usage et le mode d'emploi. Sans oublier la date de fabrication.

ATTENTION: Ne réalisez pas de trop jolies étiquettes, on ne sait jamais. Les produits d'entretien doivent être toujours rangés hors de portée des enfants mais une négligence est si vite arrivée. L'enfant ne doit pas avoir la possibilité de confondre le produit avec une sucrerie. Les étiquettes doivent être sobres. N'hésitez pas à dessiner une tête de mort pour éviter un accident.

Du matériel adapté pour un nettoyage réussi

Avoir les bons produits pour nettoyer, c'est bien. Mais il faut aussi avoir les bons outils. Ce qu'il vous faut :

- ***Des chiffons propres non pelucheux ou en microfibres.***
- ***Une éponge de chantier pour les grandes surfaces.***
- ***Une brosse à dents souple. Il n'y a pas mieux pour aller dans les interstices.***
- ***Une brosse à chiendent (celles en plastique sont moins efficaces car les poils se courbent rapidement sous la pression) pour frotter sans rayer.***
- ***Une serpillière propre.***
- ***Des éponges douces pour toutes les surfaces.***
- ***Une raclette pour les vitres.***
- ***Et bien sûr, un balai, un seau ou une bassine, une pelle, un aspirateur et des gants.***

LES PRODUITS QU'IL ME FAUT

Bicarbonate de soude, savon de Marseille, vinaigre blanc... vous trouverez l'ensemble de ces produits dans les rayons produits ménagers ou alimentaires (bicarbonate de soude) en grandes surfaces, dans les magasins de bricolage, dans la droguerie de quartier ou dans les magasins bio.

Ne vous laissez pas berner par les jolis packagings, les versions parfumées ou améliorées. Les industriels commencent à surfer sur cette tendance et sortent des produits qui s'annoncent naturels mais qui contiennent quand même des composants peu recommandables. Préférez les produits écolabellisés.

L'argile blanche

Absorbantes, les argiles sont des alliées pour éliminer les taches de gras. On utilise l'argile blanche associée à du savon liquide, du bicarbonate de soude... pour faire une crème récurante ou une pierre d'argile. Ou seule, à sec, pour éliminer les taches grasses (huile,

maquillage, cambouis, suie, chocolat…), surtout sur les tissus délicats, le bois, les tomettes ou toute surface ne pouvant pas facilement être nettoyée à l'eau et au savon. Il suffit de laisser poser 24 heures puis d'enlever l'argile en brossant puis en passant l'aspirateur. Renouvelez si nécessaire.
C'est généralement l'argile blanche que l'on emploie pour l'entretien de la maison, mais l'argile verte fait aussi l'affaire.

Le savon noir

Solide, mou ou liquide, le savon noir est composé de potasse et d'un corps gras qui peut être de l'huile d'olive, de lin, de noix, de maïs ou même de glycérine. Naturel, écologique, respectueux de l'environnement, il a un seul défaut : une odeur particulière pas toujours appréciée. C'est un puissant nettoyant, dégraissant, blanchissant, insecticide. Il s'utilise dilué dans l'eau, environ 1 verre (savon liquide) ou 2-3 cuillères à soupe (pâte) par litre d'eau. Le savon noir est un des composants essentiels pour préparer un liquide vaisselle, un nettoyant multi-usage liquide, un nettoyant pour les sols… Taches de gras, d'encre, de sang… rien ne lui résiste et il est supporté par toutes les surfaces : bois, lino, carrelage, émail…

ATTENTION : Pour le linge, il est parfait pour les taches mais pour la lessive, mieux vaut l'associer à du vinaigre blanc, à du bicarbonate de soude ou à du citron, car il a tendance à griser le linge à la longue.

Le saviez-vous ?

Le granit réagit mal au contact du savon noir, il blanchit. À éviter aussi pour nettoyer la litière des chats, ils détestent l'odeur contrairement à celle de l'eau de Javel qu'ils adorent.

Le vinaigre blanc

Blanc d'alcool, de cristal ou ménager, quel que soit son nom, le vinaigre blanc est fabriqué industriellement par acétification d'alcool de betterave ou de maïs.

Paradoxe, produit industriellement, le vinaigre blanc est pourtant un produit 100 % naturel et écolo, car il se dégrade vite et ne laisse aucune trace dans l'environnement.

Il nettoie, assainit, est anticalcaire, détartrant, adoucissant, rehausseur de couleur, dégraissant, désodorisant et désinfectant.... Il est redoutable pour tout faire briller dans la maison. C'est une des bases des produits d'entretien faits maison.

Il s'emploie aussi pur ou dilué dans de l'eau (50/50) pour nettoyer les fenêtres ou les jouets des enfants ou encore associé au sel (pour faire briller le cuivre) ou au bicarbonate de soude (pour déboucher). Il s'utilise à froid pour les sols et les murs peu encrassés, pour détacher les vêtements avant le lavage, pour les meubles et les accessoires de cuisine gras, pour désodoriser les toilettes et les canalisations, pour adoucir le linge. Il s'emploie chaud ou tiède pour les sols très sales, pour les casseroles noircies, pour détartrer les accessoires de cuisine, pour déboucher un évier.

ATTENTION : Pour le manipuler chaud, il est préférable d'enfiler des gants de protection et d'ouvrir les fenêtres, car il dégage des vapeurs qui peuvent être irritantes.
Le vinaigre blanc ne s'associe pas à d'autres produits chimiques telle l'eau de Javel sous peine de mélange explosif ou de vapeurs toxiques.

Le citron

Le jus de citron contient de l'acide citrique et remplace efficacement l'eau de Javel. Il blanchit, supprime la rouille, élimine le tartre, désinfecte, fait briller les cuivres, désodorise, etc. Il est aussi possible de le remplacer par de l'acide citrique en respectant les indications d'utilisation.

ATTENTION : Certains matériaux ne supportent pas les acides. Alors pas question de l'utiliser sur le marbre et la pierre.
Attention aussi à ne pas l'employer avec du bicarbonate de soude ou des cristaux de soude, sous peine d'obtenir un mélange détonant au contact de l'eau.

Les huiles essentielles

Même si les huiles essentielles ne dégraissent pas et ne décrassent pas à proprement parler, elles ont, pour la plupart, des pouvoirs désinfectants, désodorisants, fongicides (anti-champignons et moisissures) et purifiants très précieux pour notre intérieur. Ce sont un peu les jokers pour garder une maison saine.
Elles peuvent s'utiliser pures ou en synergie mais aussi associées aux produits nettoyants naturels comme le bicarbonate de soude, le savon noir, le savon de Marseille ou encore le vinaigre blanc. Il suffit d'ajouter quelques gouttes aux produits. En revanche, il est déconseillé de les incorporer à un produit de nettoyage du commerce, des réactions chimiques pouvant entraîner des effluves toxiques.
Généralement, on ajoute 30 à 50 gouttes par litre de préparation pour parfumer les produits ménagers et 1 à 2 cuillère(s) à soupe par litre pour un produit désinfectant.

ATTENTION : Les huiles essentielles doivent être utilisées avec précaution. Il faut respecter les règles d'usage : mettre des gants, éviter le contact direct avec la peau et respecter les posologies sinon elles peuvent très rapidement devenir toxiques et nocives. Évitez de les employer près des personnes allergiques, des femmes enceintes, des enfants et des animaux domestiques.

L'hydrolat, une eau parfumée

L'hydrolat, plus connu sous le nom d'eau florale, est constitué d'une infime proportion d'huiles essentielles et de 99 % d'eau, ce qui permet de les utiliser sans crainte au quo-

ASTUCE

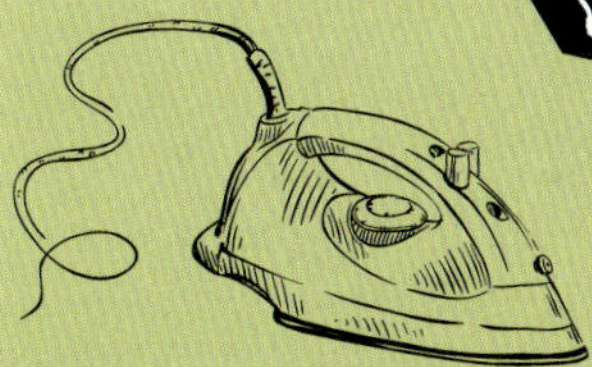

Du linge à la douce odeur de propre

Vous pouvez remplacer l'eau de votre fer vapeur par de l'hydrolat. Les plus adaptés ? L'hydrolat de lavande et l'eau florale de fleur d'oranger.

tidien. En revanche, une fois ouvert, il se conserve moins longtemps que les huiles: 6 mois, à l'abri de la chaleur et de la lumière. Ajouté dans les sprays parfumants, l'hydrolat (ou eau florale) est parfait pour parfumer le linge et il peut être utilisé pur comme brume d'oreiller.

La cire d'abeille

La cire, un des nombreux dons des merveilleuses abeilles, est très utilisée en cosmétique et même en alimentation. Elle est, bien sûr, l'amie du bois en le nourrissant, le protégeant et en le faisant briller. Si la cire d'abeille forme la base de l'encaustique, préparation servant à nourrir et protéger le bois, elle est aussi précieuse pour protéger la pierre, le plâtre, les tomettes... Pour réaliser une bonne cire d'entretien, on doit mélanger la cire d'abeille à de l'essence de térébenthine et laisser reposer 24 heures, couvert. Il faudra ensuite diluer la pâte ainsi obtenue, toujours avec de l'essence de térébenthine.

La cire existe de différentes qualités selon les usages. Pour protéger et pour faire briller, il est préférable de choisir de la cire blanche, très pure. Attention toutefois: si le produit est naturel à la base, le fabricant peut très bien avoir eu recours à des produits chimiques pour la blanchir. Optez pour des pépites de cire de miel multi-usages 100 % garanties sans résidu de pesticide et non toxiques pour l'environnement. La cire remplace aussi avantageusement la paraffine (dérivé pétrochimique) pour réaliser de belles bougies. En ajoutant quelques gouttes d'huile essentielle, vous obtiendrez des bougies parfumées non polluantes. Pour ce faire, il est possible d'utiliser la blanche

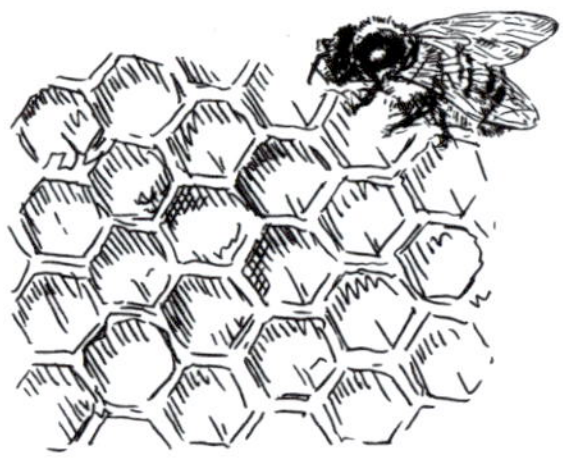

Le saviez-vous?

Lorsqu'elle est pure, la cire d'abeille est blanche. Sa coloration jaune est due à la présence de pollen et de propolis (résine végétale utilisée par les abeilles comme mortier dans la ruche). Pour rendre la cire blanche naturellement, il n'y a qu'une seule solution: l'exposer au soleil. Toutefois, le procédé n'étant pas des plus rapides, les industries peuvent avoir recours à quelques produits chimiques permettant le blanchiment de la cire...

mais la cire jaune convient aussi. Enfin, on utilise aussi la cire blanche pour réaliser une crème particulièrement nourrissante et protectrice pour les chaussures. On l'additionne alors à de l'huile de lin.

Le bicarbonate, le multi-tache

Comestible, biodégradable, non toxique, sans conservateur, soluble dans l'eau, inodore, antiacide, anticalcaire, abrasif doux, cette fine poudre blanche cumule à elle

seule de nombreux avantages.

Désodorisant, désinfectant, détachant, détartrant..., le bicarbonate s'emploie la plupart du temps seul ou avec de l'eau. Mais il est possible de décupler sa puissance en l'associant à d'autres produits tout aussi naturels. On le combine généralement avec du citron, du gros sel et surtout avec son grand complice: le vinaigre blanc. Le bicarbonate de soude (ou bicarbonate de sodium) est une poudre blanche biodégradable qui provient soit du natron, un minéral qui se forme à la surface des lacs riches en sodium, soit d'un mélange de craie et de sel puisés dans des gisements d'Afrique ou d'Amérique du Nord (le plus utilisé actuellement), soit il est produit en laboratoire. Il s'utilise en poudre, en pâte ou dilué. Deux à trois cuillerées à soupe additionnées à la lessive renforcent le pouvoir lavant, blanchissent et adoucissent le linge. Quatre cuillerées à soupe (60 g) de bicarbonate de soude par litre d'eau et vous obtenez une solution de pré-lavage antitache pour les cols et les manches de chemise, les taches de graisse, de sang, d'herbe, de vin rouge, de fruits rouges.

Il est aussi la base des produits nettoyants et désinfectants pour les sanitaires et pour la cuisine et a la bonne idée de détruire les acariens et autres indésirables. Et, cerise sur le gâteau, son pouvoir neutraliseur et absorbeur d'odeurs en fait un désodorisant hors pair.

Que ce soit pour le nettoyage, pour vos soins de beauté ou vos petits plats, le bicarbonate alimentaire est le plus adapté. Polyvalent et sans danger, son prix est plus que raisonnable. On le trouve dans la plupart des rayons « épicerie », à côté des sels et des farines, dans les grandes surfaces et aussi dans les épiceries, les magasins bio et dans les drogueries. Le bicarbonate de soude correspond à la norme Food Chemical Codex – FCC garantissant sa solubilité et sa haute qualité.

• **Quant au bicarbonate « technique »,** on le trouve dans les rayons des supermarchés de bricolage ou sur Internet. Il n'est pas raffiné et contient encore des impuretés, ce qui le rend impropre à la consommation. Pas question de s'en servir pour cuisiner ni pour nettoyer des accessoires du quotidien. Il ne convient pas non plus aux animaux.
Son seul avantage : il est très bon marché, On l'emploie donc pour les gros nettoyages dans la maison (sol, murs), pour le garage ou pour le jardin.

ATTENTION : N'utilisez pas le bicarbonate sur la laine, la soie ou l'aluminium.

• **Le mélange vinaigre blanc et bicarbonate provoque une réaction chimique.** Le mélange devient mousseux et gonfle à cause du dioxyde de carbone dégagé. Il n'est pas nocif mais pour éviter toute irritation (nez et yeux), ouvrez les fenêtres ou diluez-le.

Le savon de Marseille

Biodégradable, le véritable savon de Marseille est composé à 72 % d'huile végétales (olive, coprah, palme) et de soude. Il ne contient ni parfum, ni colorant, ni adjuvant de fabrication. Il est fabriqué artisanalement. Si le savon marron/vert, fabriqué à base d'huile d'olive et, selon, de coprah et/ou de palme, est particulièrement recommandé pour les soins du corps, le savon blanc, fabriqué à partir d'huile de palme (extraite du fruit de palmier à huile), d'huile d'arachide ou d'huile de coprah, est réservé aux soins du linge et au ménage.

• **C'est un excellent détachant pour les textiles et un dégraissant efficace.** À sec, il vient à bout de la plupart des taches de graisse en les absorbant.

• **Sous forme liquide,** il s'attaque aux taches difficiles comme les taches de fruits, de gras, de maquillage et de boissons et est un formidable dégraissant. Non agressif, il s'adapte à la plupart des matériaux. Uniquement ceux supportant l'eau puisqu'il faut le rincer.

Le saviez-vous ?

C'est certainement le seul produit ménager à pouvoir se vanter d'avoir eu son mode de production codifié par Louis XIV. En effet, en 1688, par l'édit de Colbert, le roi en a fixé les règles de fabrication :

- ***Cuisson dans de grandes chaudières***
- ***Utilisation exclusive d'huiles végétales pures***
- ***Interdiction d'utiliser des graisses animales***

Malheureusement, si le roi a légiféré sur le mode de production, rien n'a été prévu pour protéger son nom ou déterminer sa composition. Résultat, les usurpateurs contenant des additifs ou autres adjuvants sont nombreux. Pour obtenir les mêmes résultats que nos grands-mères, il faut veiller à en choisir un « vrai ». Le savon doit porter l'inscription « 72 % d'huile » et le nom de la savonnerie qui le fabrique. On le reconnaît aussi à son odeur si particulière.

- **Sous forme de paillettes,** il se dissout facilement dans l'eau chaude à raison de 50 g par litre d'eau pour préparer une lessive. Liquide, le dosage dépendra de l'objet à nettoyer. En pain, on le frotte pur.

L'huile de lin

L'huile de lin est extraite des graines de lin. Généralement, elle est, dans un premier temps, extraite en pression à froid. On obtient ainsi l'huile à usage culinaire. Puis, en pression à chaud ou à l'aide de solvants, on extrait le reste d'huile contenu dans les graines. Grâce à ses qualités hydrofuges (elle repousse l'eau) et anti-poussière, elle est très appréciée pour l'entretien de la maison, notamment pour protéger le bois, la pierre, les tomettes et le liège. On la rencontre dans la composition du savon noir, de crèmes nourrissantes pour le cuir, mais aussi dans les encres végétales.

Vous trouverez l'huile de lin au rayon cuisine – pour l'alimentation – mais aussi au rayon droguerie ou bricolage dans les magasins bio, dans les supermarchés ou dans les magasins de bricolage – pour un usage d'entretien.

Les cristaux de soude

Utilisés depuis l'Antiquité, les cristaux de soude se présentent sous forme de petits grains blancs. Produits 100 % naturels, ils étaient autrefois obtenus par l'incinération de végétaux marins. Aujourd'hui, les cristaux de soude sont fabriqués à base de sel marin et de craie, un procédé moins coûteux mais toujours aussi inoffensif pour l'environnement ! Grands frères du bicarbonate de soude, les cristaux de soude ont la particularité d'être davantage corrosifs, ce qui les rend encore plus redoutables contre la saleté !

Fongicides, bactéricides, neutralisants… les cristaux de soude possèdent des propriétés naturelles impressionnantes qui en font la base de puissants nettoyants multifonctions.

• **Pour désinfecter :** une cuillère à café de cristaux dans un litre d'eau bien chaude et le tour est joué ! Recette idéale pour les sols, les plans de travail de cuisine ou de salles de bains, elle éliminera la moindre bactérie sans laisser la désagréable odeur d'eau de Javel que vous connaissez si bien.

Pour dégraisser, on l'associe à quelques copeaux de savon de Marseille dans un peu d'eau. Idéal pour votre cuisine.

• **Pour adoucir :** les cristaux de soude ont la particularité d'adoucir l'eau, ce qui rend l'action de certains nettoyants comme la lessive encore plus efficace et permet donc d'en utiliser moins ! Pour déboucher les canalisations, versez-en une poignée au fond de l'évier, additionnée d'un verre de vinaigre

blanc. Laissez agir 30 minutes avant de rincer à l'eau bouillante. Si les canalisations sont vraiment bouchées, utilisez une ventouse en plus de votre précieux mélange.

ATTENTION : Les cristaux de soude sont à manipuler avec beaucoup de précautions. Si leur caractère corrosif les rend très efficaces, ils sont aussi redoutables avec la saleté qu'avec la peau ! Pour éviter toute irritation, pensez à porter des gants en caoutchouc à chaque utilisation.

Et comme tout produit d'entretien, pensez à le ranger hors de portée des enfants. Attention également, les cristaux ne conviennent pas à toutes les surfaces. C'est le cas des parquets en bois, des meubles cirés ou encore de l'aluminium, qui risqueraient d'être endommagés.

Le percarbonate de soude

Au contact de l'eau, il libère de l'« oxygène actif » (eau oxygénée), aux propriétés blanchissantes et désinfectantes puissantes. Il a les mêmes propriétés dégraissantes que les cristaux de soude.

Il est utile pour blanchir et détacher le tissu, pour nettoyer et désinfecter les sols, terrasses, baignoires en émail, carreaux de salle de bains et aussi pour éliminer les moisissures et la mousse.

• Mode d'emploi. Il suffit de mélanger 1 à 3 cuillerée(s) à soupe par litre d'eau.

ATTENTION : À utiliser avec précaution, éviter tout contact avec la peau et les yeux et manipuler avec des gants.

Le bois de Panama

Le bois de Panama est utilisé en décoction pour réaliser des détergents totalement naturels comme un nettoyant multi-usage ou comme base pour vos produits ménagers ou un liquide vaisselle « maison ». La décoction est très simple à réaliser: faites

ASTUCE

Ma liste de course

Selon la taille de votre habitation et les besoins, vous réaliserez plus ou moins de produits. Voici la liste des principaux à mettre dans votre placard.

- *Un produit multi-usage dégraissant*
- *De la lessive et un adoucisseur*
- *Un produit vaisselle*
- *Une poudre de lavage pour lave-vaisselle*
- *Un liquide de rinçage*
- *Un produit pour les vitres*
- *Un produit adapté à tous les sols*
- *Un produit pour détartrer les sanitaires*
- *Un produit pour nettoyer, désinfecter et faire briller les sanitaires*

Il faut également prévoir des produits pour:

- *Le bois*
- *L'argenterie*
- *Le cuivre*
- *Le cuir*
- *Assainir l'air*
- *Désodoriser*
- *Parfumer l'intérieur*

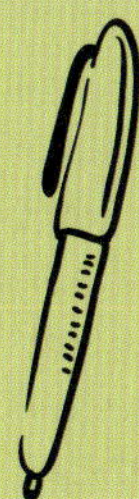

bouillir les végétaux à feu doux dans l'eau pendant 10-15 minutes. Il peut aussi s'utiliser pour la lessive du linge (à éviter sur le blanc, il est légèrement colorant). Comptez environ 1-2 cuillère(s) à soupe de copeaux par lessive ou 10 % en décoction.

ATTENTION : Les copeaux de bois de Panama peuvent être irritants pour les voies respiratoires, ne pas inhaler au-dessus du sachet et utiliser de préférence un masque à poudre lors de la manipulation.

L'essence de térébenthine

On l'appelle aussi poix de Bordeaux. L'essence de térébenthine est une huile essentielle incolore dont l'odeur rappelle le pin. Elle est non soluble dans l'eau. Elle dissout les graisses, les peintures, les cirages, les produits ménagers et les parfums. Elle détache tous les tissus, même les matières fragiles comme la soie. Elle enlève la moisissure sur le cuir. Elle est aussi efficace pour nettoyer les écrans d'appareils électroniques, comme les écrans tactiles.

• **C'est aussi l'alliée des ébénistes :** elle s'associe à la cire d'abeille pour nourrir et protéger le bois, elle efface les éraflures sur les meubles. Additionnée à de l'alcool à brûler ou de l'huile d'olive, elle agit sur les taches sur le bois. **Mélangée à de l'huile de lin,** elle fait disparaître les auréoles blanches. Le dosage varie selon l'usage. Pure pour les taches, 50/50 avec de l'huile de lin pour le bois, avec de l'eau pour les sanitaires.

ATTENTION : L'essence de térébenthine est un produit dangereux qui doit être utilisé et stocké avec précaution, loin des enfants et des animaux, et dans une pièce aérée. Évitez le contact avec les yeux. Elle est aussi légèrement irritante au contact de la peau. Il faut se savonner les mains après chaque utilisation. Elle peut être mortelle si elle est ingérée par un enfant.

IMPORTANT

Les recommandations d'usage

Pour éviter des accidents, produits naturels ou non, respectez les règles de sécurité.

- Conservez les produits dans leurs emballages d'origine pour éviter toute confusion. Le bicarbonate peut se confondre avec du sucre glace ou du sel.

- Si vous fabriquez de la lessive ou tout autre produit nettoyant, bannissez les bouteilles d'eau, de soda, les boîtes à l'effigie d'un aliment, d'un bonbon pour les conserver. Ingérés par mégarde, ces produits pourraient avoir de graves conséquences.

- N'essayez pas de gagner du temps en mélangeant des produits. Le résultat serait décevant et, surtout, des réactions chimiques dangereuses (comme des émanations toxiques) pourraient se produire.

- Dangereux ou non, entreposez toujours les produits ménagers hors de portée des enfants, mais aussi des animaux domestiques. L'idéal est de les ranger dans un placard en hauteur.

- Étiquetez avec soin et lisiblement les produits fabriqués. Listez leurs composants. Si quelqu'un les utilise à votre place, il doit savoir ce qu'il manipule.

- Respectez toujours les dosages. Le surdosage peu avoir l'effet inverse du résultat escompté et peut être dangereux, notamment pour les huiles essentielles.

- Les huiles essentielles doivent être utilisées avec précaution. Il faut respecter les règles d'usage : mettre des gants, éviter le contact direct avec la peau et respecter les posologies, sinon elles peuvent très rapidement devenir toxiques et nocives. Évitez de les employer près des personnes allergiques, des femmes enceintes, des enfants et des animaux domestiques.

Ça y est, vous êtes prêts à vous lancer. Il n'y a plus qu'à ! Préparez tout votre matériel et réalisez une recette, l'une après l'autre, sous peine de tout confondre. Il faut compter à peu près 15 minutes pour en réaliser une.
Pensez au rangement.
Faites de la place dans votre placard (en hauteur). Il faudra, pour certaines, laisser reposer et refroidir. Préparez les étiquettes avant ou juste après avoir versé dans le pot. N'attendez pas ou vous risquez d'oublier ce que vous avez fait. C'est parti !

2

C'EST MOI QUI LES FAIS

LES INDISPENSABLES QUI SERVENT À TOUT

Si le temps vous est compté, ce sont ces produits à réaliser en priorité. Ils sont multi-usages et adaptés à la plupart des supports. Côté huiles essentielles, elles sont facultatives mais appréciables pour le parfum et aussi pour leur côté désinfectant, antifongique (anti-moisissure) et insectifuge.

Le nettoyeur multi-usage

Il nettoie et dégraisse toutes les surfaces sans oublier ses pouvoirs bactéricides. Ce produit se conservera sans problème plus de deux mois à l'abri de la lumière et de la chaleur. Il est possible aussi de l'utiliser en spray.

Pour un bidon de 2 litres, il vous faut:

- **1 l d'eau**
- **½ l de vinaigre blanc**
- **2 cuil. à soupe de savon noir pour dégraisser**
- **25 gouttes d'huiles essentielles bactéricides (au choix ou combinées): tea tree, eucalyptus, lavande vraie, citron, menthe poivrée, cannelle... (Facultatif)**

Mélangez le savon noir avec les huiles essentielles. Ajoutez le vinaigre blanc. Versez la solution dans une bouteille de 2 litres et complétez avec de l'eau du robinet. Secouez vivement. C'est prêt. Pour l'utiliser, appliquez à l'éponge et laissez agir quelques minutes puis rincez à l'eau claire.

ASTUCE

Un vinaigre parfumé

Vous ne pouvez pas utiliser d'huiles essentielles et vous ne supportez pas l'odeur du vinaigre blanc? Parfumez-le. Il vous faut:

- **les zestes de 5 oranges et d'1 citron (ou l'inverse)**
- **½ l de vinaigre blanc**

Placez les zestes dans un grand pot en verre à fermeture hermétique. Recouvrez-les de vinaigre blanc. Fermez et laissez macérer 10 jours environ à l'abri de la lumière. Passez le mélange à travers un filtre à café pour éliminer toutes les impuretés et les zestes.

La pierre d'argile multi-tâche

Pierre d'argile, pierre blanche ou encore pierre d'argent: différentes appellations pour un seul et même produit.

Cette pâte a tous les avantages: elle dégraisse, nettoie, détache et fait briller même l'argenterie! Légèrement abrasive mais sans rayer, elle s'adapte à tous les matériaux: inox, mélanine, plaques chauffantes, verre...

Comme pour les savons, elle associe deux fonctions puisqu'elle détache et lave aussi. Une véritable panacée! Seul inconvénient, il faut rincer donc elle n'est pas adaptée aux matériaux qui ne supportent pas l'eau.

Il vous faut:

- **50 g d'argile blanche (ou kaolin) pour son action abrasive mais douce**
- **2 cuil. à soupe de copeaux de savon de Marseille**
- **6 cuil. à soupe d'huile végétale (colza, tournesol, olive...)**
- **3 cuil. à soupe d'eau (il est possible de remplacer l'eau par de la glycérine pour rendre la pâte plus molle)**
- **1 cuil. à café de jus de citron ou 30 gouttes d'huile essentielle de citron (ou de lavande ou de tea tree)**

Faites fondre le savon avec l'huile à feu très doux. Hors du feu, ajoutez l'eau et le citron. Intégrez progressivement l'argile jusqu'à

Le saviez-vous?

HISTOIRE D'ÉQUIVALENCE

Bien pratique à connaître, mais approximatif, certaines poudres et liquides ayant des poids différents selon leur densité. L'idéal étant de réaliser votre tableau d'équivalence personnel en pesant les produits une bonne fois pour toutes.

15 g de liquide sont équivalents à:

- ***15 ml***
- ***1 cuillère à soupe***
- ***3 cuillères à café***

Une tasse à déjeuner ou un verre moyen sont équivalents à:

- ***20 cl de liquide***
- ***12 cuillères à soupe***
- ***100 g de poudre, genre bicarbonate***

Une tasse à café ou un verre à vin sont équivalents à:

- ***10 cl de liquide***
- ***6 cuillères à soupe***

obtenir une pâte. Mettez en pot (une boîte à savon, un pot de crème vide type Nivea), et laissez sécher 10 jours à l'air libre. La pierre d'argile peut être utilisée immédiatement mais elle sera moins efficace car moins concentrée.

Pour s'en servir, il suffit de prélever directement de la matière dans son pot à l'aide d'une éponge humidifiée. Frottez, même l'argenterie. Laissez poser une minute environ puis rincez à l'eau claire. Essuyez ensuite à l'aide d'un chiffon non pelucheux.

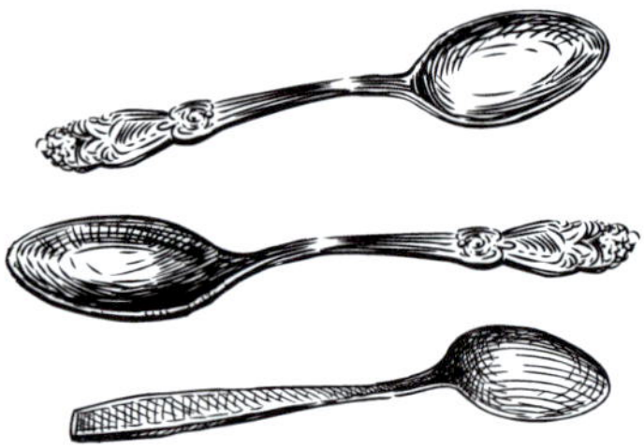

Le dépoussiéreur

Ah, la poussière ! On a beau en enlever, elle réapparaît 5 minutes après. Constituée de fibres et de débris très fins, de microbes divers et variés, d'acariens, de composants polluants, ainsi que de pollens et spores de champignons en suspension dans l'air, elle est responsable d'allergies respiratoires. Autant s'en débarrasser au plus vite.

Il vous faut :

- **1 éponge ou 1 chiffon en microfibres**
- **1 pulvérisateur propre de 500 ml**
- **1 cuil. à soupe de savon noir liquide**
- **½ l d'eau déminéralisée**
- **15 gouttes d'huile essentielle purifiante (citron, tea tree, eucalyptus...)**

Versez la cuillère de savon noir dans le pulvérisateur. Ajoutez l'eau puis l'huile essentielle. Secouez vigoureusement pour bien mélanger.

Pulvérisez sur les surfaces à dépoussiérer. Évitez de trop mouiller les surfaces fragiles comme le bois. Essuyez immédiatement avec un chiffon en microfibres propre.

Ce produit se conserve 2 mois à l'abri de la lumière et hors de portée des enfants.

Des huiles essentielles adaptées

FACULTATIVES, CES HUILES ESSENTIELLES RENFORCENT L'ACTION DES PRÉPARATIONS, ET EN PRIME LES PARFUMENT MERVEILLEUSEMENT. IL EST POSSIBLE D'EN ASSOCIER 3 OU 4.

- **Tea tree.** *Melaleuca alternifolia.* Désinfectante, antivirale, antiparasitaire, anti-acarien et antifongique. C'est la principale amie des maisons saines.
- **Mandarine, pamplemousse, citron...** Antiseptique, antibactérienne, antivirale. Les huiles essentielles de pamplemousse, de citron et de mandarine favorisent également le détartrage et font briller l'émail. Leurs parfums pétillants sont parfaitement adaptés pour une salle de bains.
- **Lavande vraie.** *Lavandula vera.* Antiseptique, bactéricide, antiviral, anti-mites, anti-poux, au parfum apaisant.
- **Eucalyptus radié.** *Eucalyptus radiata.* Huile essentielle antibactérienne et antiparasitaire moyenne. Excellent anti-odeur.
- **Lavande aspic.** *Lavandula spica* (ou *latifolia*). Antibactérienne moyenne et très bon antifongique (moisissure).
- **Palmarosa.** *Cymbopogon martinii* (Roxb.) Antibactérienne majeure à large spectre : l'huile essentielle de palmarosa neutralise la plupart des bactéries. Antifongique, elle détruit la plupart des champignons à l'origine des mycoses. Insecticide et insectifuge, son parfum similaire au parfum de la rose est parfait pour désinfecter l'air ambiant et faire fuir les moustiques et autres insectes.
- **Géranium odorant,** dit aussi *géranium rosat. Pelargonium x asperum cv. Egypte.* Répulsive, elle éloigne aussi les insectes. Son parfum léger, très proche de celui de la rose, est un régal pour les pièces à vivre.
- **Pin sylvestre.** *Pinus sylvestris L.* Son odeur fraîche et résineuse est très agréable. Elle possède un pouvoir antiseptique notable. Bactéricide, antivirale et antifongique. Antiseptique respiratoire.
- **Cèdre de l'Atlas.** *Cedrus atlantica.* Anti-moustiques et anti-mites.
- **Citronnelle.** *Cymbopogon nardus.* Elle est réputée pour sa force répulsive contre tous les insectes. Mais elle est aussi antiseptique et antifongique notamment en diffusion dans l'atmosphère. C'est aussi un très bon désodorisant qui lutte efficacement contre l'odeur du tabac.

LES PRODUITS SPÉCIFIQUES

Si les produits multi-usages servent à peu près à tout, vous pouvez vous amuser à fabriquer la panoplie du parfait ménage. De la cuisine aux toilettes, les recettes sont réalisées à partir des même composants mais dans des proportions différentes. Rien ne vous empêche de créer vos recettes, il suffit juste de tester d'abord sur un coin discret de l'objet, histoire de ne pas tacher. Et surtout d'être prudent : les produits sont naturels mais des réactions chimiques peuvent se créer et générer soit des phénomènes physiques, soit des émanations à ne pas respirer.

La cuisine

Graisse, microbes, odeurs... La cuisine est est la pièce que l'on nettoie le plus souvent. Pas de problème, il existe des produits naturels super efficaces...

Pour dégraisser, la recette de produit multi-usage donnée page 28 convient parfaitement. À savoir, la même recette sans savon noir est un désodorisant efficace qui viendra à bout de toutes les odeurs tenaces dans la cuisine. Il se pulvérise hors de la présence de personnes ou d'animaux.

Une crème à récurer

Pour la plaque vitrocéramique comme pour les casseroles, les dépôts de graisse disparaîtront. Attention, à ne pas utiliser sur l'aluminium.

Il vous faut :

- **1 pot en verre**
- **100 g de bicarbonate de soude**
- **20 cl de vinaigre blanc**
- **5 gouttes d'huile essentielle (citron, tea tree...)**

Dans un saladier, versez le bicarbonate, puis ajoutez le vinaigre. Attention, ça mousse ! Ajoutez l'huile ou les huiles essentielles. Frottez avec cette crème prélevée sur une éponge. Rincez à l'eau claire et essuyez.

ASTUCE

Un réfrigérateur tout propre

Finis les odeurs et les risques de bactéries avec cette lotion neutralisante d'odeur par le bicarbonate de soude et désinfectante grâce au citron.

Il vous faut:

- ***2 cuil. à soupe de bicarbonate***
- ***Le jus d'un demi-citron***
- ***5 gouttes d'huile essentielle de citron***

Remplissez à moitié un bol d'eau tiède, ajoutez le bicarbonate de soude et diluez. Versez le jus de citron avec l'huile essentielle et mélangez.

Appliquez cette lotion sur toutes les parois intérieures du réfrigérateur et même sur les joints. Séchez soigneusement à l'aide d'un chiffon en microfibres.

Les sanitaires

Le calcaire est l'un des ennemis jurés de la maison. Il traque tous les endroits en contact avec l'eau et y dépose son tartre, ses moisissures et son voile terne. Il raccourcit aussi la durée de vie de beaucoup de nos appareils ménagers. Les détartrants doivent être utilisés régulièrement pour le combattre.

Récurer, détartrer et désinfecter

Carrelage, baignoire, douche, évier, lavabo… deviennent vite gris et tachés à cause de ce maudit tartre. Le bicarbonate vient à notre secours pour récupérer des surfaces étincelantes. Il nettoie, désinfecte et récure sans rayer. Le citron a la propriété de «manger» le tartre, de blanchir et de faire briller. Ne faites

pas de grosse quantité, car cette crème perd rapidement ses qualités. À conserver pas plus d'un mois.
Il vous faut:

- **1 pot à fermeture hermétique**
- **20 cuil. à soupe de bicarbonate**
- **10 cuil. à soupe de jus de citron**
- **15 gouttes d'huile essentielle de citron**

Mélangez le bicarbonate de soude et le jus de citron dans un saladier. Cela va mousser, c'est normal. Ajoutez l'huile essentielle, puis mélangez à nouveau.
Pour nettoyer, prélevez un peu de crème avec une éponge humidifiée, puis frottez. Rincez à l'eau claire et essuyez.

Le produit spécial pour des joints bien blancs

Les joints de votre douche sont noirs? C'est à cause du calcaire. Le dentifrice les blanchit. Il suffit de mettre une noisette de dentifrice sur une vieille brosse à dents et de frotter les joints puis de rincer. Pour les joints vraiment tachés de noir, il existe une recette 100 % efficace, à condition de ne pas avoir peur d'insister.
Il vous faut:

- **1 vaporisateur**
- **8 cuil. à soupe de bicarbonate de soude**
- **20 cl de vinaigre blanc**

Dans un grand saladier, mélangez le bicarbonate de soude avec le vinaigre blanc. Attention, une réaction chimique se crée et cela mousse, c'est normal. Versez ensuite dans un vaporisateur.
Vaporisez sur les joints. Laissez agir 12 heures, frottez, puis rincez.

Des toilettes nickel

Pour détartrer les toilettes, il suffit généralement d'y verser une demi-litre de vinaigre blanc bouillant et de le laisser agir pendant 1 ou 2 heures. Frottez les parois avec une éponge légèrement abrasive en vous protégeant les mains avec des gants évidemment. Et tirez la chasse d'eau. Attention, aux vapeurs de vinaigre qui peuvent être irritantes, pensez à ouvrir les fenêtres ou à aérer la pièce. Dans le cas de traces importantes, la manière forte s'impose...

ASTUCE

Canalisations sans odeur

Il fallait y penser! Des glaçons au vinaigre et aux huiles essentielles, bonne idée pour désodoriser ses canalisations tout en évitant champignons et mauvaises odeurs. Les glaçons fondent doucement et coulent lentement le long des canalisations laissant ainsi au vinaigre et aux huiles essentielles le temps d'agir. Mélangez dans un bol du vinaigre blanc et ajoutez 5 gouttes d'huile essentielle de tea tree et 5 gouttes d'huile essentielle de lavande vraie pour leurs actions désinfectantes et antifongiques. Versez ce mélange dans un bac à glaçons et mettez au freezer. Déposez un soir par semaine un glaçon à l'entrée de chaque dévideur d'eau (évier mais aussi lavabo, douche, baignoire).

Un détartrant WC en poudre

Il vous faut:

- **30 g de savon de Marseille finement râpé**
- **125 g d'acide citrique**
- **130 g de bicarbonate de soude**
- **3 cuil. à soupe de cristaux de soude**
- **30 gouttes d'huile essentielle (citron, tea tree, eucalyptus)**

Dans un saladier, mélangez tous les ingrédients (attention à utiliser une cuillère en bois ou à porter des gants). Versez dans un bocal hermétique. Ajoutez les huiles essentielles en prenant soin de bien secouer pour qu'elles se diluent.

Mouillez les parois de la cuve des toilettes en tirant la chasse d'eau. Dispersez ensuite la valeur de 6 cuillères à soupe de poudre sur l'ensemble de la cuve, de préférence le soir afin de la laisser agir toute la nuit. Le lendemain, enfilez des gants de protection et frottez avec une éponge imbibée d'eau chaude. Rincez en tirant la chasse d'eau.

Le linge

Réaliser sa lessive coûte moins de deux euros, dommage de s'en priver! Sans oublier que la lessive maison concoctée avec des produits naturels et bio évite bien des allergies et préserve l'environnement.

Une lessive classique

Pour 2 litres de lessive, il vous faut:

- **100 g de copeaux de savon de Marseille**
- **2 l d'eau**
- **3 cuil. à soupe de cristaux de soude**
- **10 gouttes d'huile essentielle de lavande vraie pour désinfecter et parfumer (facultatif)**

Dans une grande casserole, faites chauffer 1 l d'eau. Lorsqu'elle frémit, ajoutez les copeaux de savon de Marseille et les cristaux de soude. Mélangez le tout jusqu'à dissolution et laissez refroidir 1 heure minimum. Mixez le mélange à l'aide d'un mixeur à légumes. Versez alors la préparation dans un bidon, ajoutez 1 litre d'eau tiède et l'huile essentielle. Secouez bien le tout et laissez reposer toute la nuit. Le lendemain, si la lessive est trop épaisse, ajoutez 1 litre d'eau. Secouez énergiquement le bidon avant chaque utilisation pour bien mélanger les ingrédients. Un demi-verre à moutarde de lessive directement mis dans le tambour de la machine suffira pour un lavage.

- **Pour du blanc éclatant**

Ajoutez 3 cuillères à soupe de percarbonate de soude dans le compartiment lessive de la machine.

- **Pour des couleurs intenses**

Ajoutez 3 cuillères à soupe de bicarbonate de soude dans le compartiment lessive de la machine.

Un assouplissant

L'assouplissant a pour rôle d'assouplir les fibres des tissus malmenées par le calcaire de l'eau. Il permet aussi d'apporter un doux parfum de propre.

Le plus efficace et le plus écologique reste le vinaigre blanc. Il suffit d'ajouter la valeur d'un verre à moutarde dans le compartiment réservé à l'assouplissant de la machine et le linge redevient doux et souple. Il a l'avantage d'éliminer les résidus de lessive et, anticalcaire, il redonne au linge ses couleurs ou sa blancheur d'origine. L'odeur désagréable du vinaigre disparaît très vite mais il est possible aussi de parfumer son vinaigre. Dans ce cas, préparez-le d'avance. Vous pouvez simplement ajouter 10 gouttes d'huile essentielle de votre choix dans la bouteille et bien secouer.

Si l'eau est très calcaire dans votre région, il est possible d'ajouter du bicarbonate de soude à l'adoucissant pour réguler le pH de l'eau.

Il vous faut:

- **1 bouteille d'1 litre et demi (genre bouteille d'eau)**
- **50 cl d'eau**
- **30 cl de vinaigre blanc**
- **2 cuil. à soupe de bicarbonate de soude**
- **20 gouttes d'huile essentielle du parfum de votre choix (facultatif)**

Pour le mélange, choisissez un récipient grand et haut, car le mélange bicarbonate et vinaigre provoque une réaction chimique effervescente, de la mousse se forme et cela risque de déborder. Ce n'est pas dangereux mais évitez de respirer les vapeurs.

Versez le bicarbonate de soude dans l'eau chaude (pas bouillante).

Ajoutez progressivement le vinaigre (attention, cela mousse). Remuez délicatement jusqu'à ce que le bicarbonate soit dissous.

Ajoutez les huiles essentielles (facultatif).

Versez dans la bouteille.

Secouez vigoureusement la bouteille avant utilisation pour bien mélanger les ingrédients.

ATTENTION: Les matières fragiles comme la soie et la laine ne supportent pas le bicarbonate de soude. Utilisez seulement du savon de Marseille. Et du vinaigre blanc comme assouplissant.

Une lessive pour les bébés

Réalisez la recette de la lessive de base mais sans les cristaux de soude et sans les huiles essentielles. Elles ne sont pas conseillées pour les enfants. Vous pouvez les remplacer par de l'hydrolat de fleur d'oranger ou de lavande à raison de 3 à 4 cuillères à soupe dans le bac réservé à l'assouplissant. Choisissez de préférence l'eau florale (hydrolat) de lavande, anti-poux et anti-acarien satisfaisant ou l'eau de fleur d'oranger pour apaiser votre tout-petit.

ASTUCE

Fabriquez vos lingettes détachantes

Pratique et malin pour les avoir toujours sous la main. À glisser dans son sac à main ou ses valises! Rien de plus facile à réaliser. Mélangez dans un saladier 3 cuillerées à soupe de vinaigre blanc, 1 cuillère à soupe de savon noir et 2 grandes tasses d'eau. Plongez dans ce liquide une vingtaine de morceaux de tissu en coton blanc que vous aurez préalablement découpés en carrés de 10 x 10 cm. Laissez imbiber au moins 1 heure. Retirez-les, essorez-les légèrement, puis, pliez-les en quatre. Conservez-les dans une boîte hermétique. Vous pourrez ainsi nettoyer en urgence la plupart des taches « fraîches ». Une fois les carrés de tissu utilisés, il suffit de les laver et de recommencer l'opération.

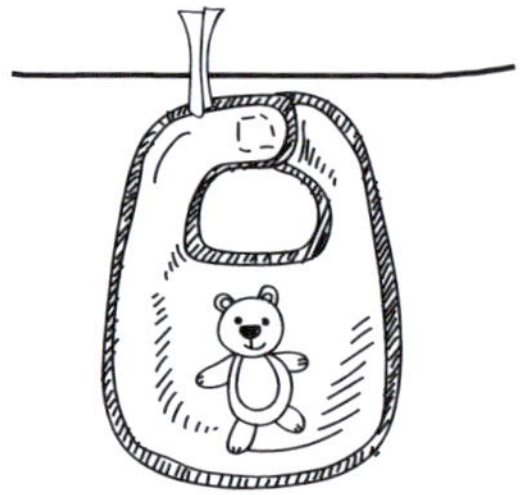

ATTENTION : Les eaux florales et hydrolats aromatiques se dégradent rapidement. Il est conseillé de les utiliser dans les 6 mois qui suivent l'ouverture du flacon. Pour leur bonne conservation, il faut les stocker à l'abri de la lumière, de l'oxygène et des variations de température.

Un nettoyant désinfectant anti-acariens

Pour le nettoyage mensuel de vos matelas, voici une recette toute simple à fabriquer d'avance. Le bicarbonate nettoie, désinfecte et neutralise les odeurs. Il a aussi la propriété de tuer les acariens. Les huiles essentielles ont les mêmes qualités insecticides, insectifuges et désinfectantes. La synergie des deux produits n'en est que plus efficace. Elle se conserve deux mois minimum. Bien secouer avant de l'utiliser.

Il vous faut:

- **1 spray de 250 ml**
- **2 cuil. à soupe de bicarbonate**
- **6 grandes cuillerées d'eau chaude**
- **8 gouttes d'huile essentielle de tea tree ou de lavande vraie**

Dans un spray, mélangez le bicarbonate et l'eau chaude. Ajoutez 8 gouttes d'huile essentielle de tea tree ou de lavande vraie.

ASTUCE

Effet pattemouille

Si le linge est très froissé, vous pouvez directement vaporiser l'eau parfumée dessus avant le repassage afin de l'humidifier. Le repassage en sera facilité.

Toutes les semaines, avant de refaire un lit propre, vaporisez cette solution sur le matelas. Frottez avec une éponge et laissez sécher une bonne heure. Puis aspirez soigneusement.

Une eau parfumée pour repasser

L'hydrolat aromatique est l'eau recueillie après distillation d'une plante lors de la fabrication d'une huile essentielle. L'eau florale est une « macération » de pétales de fleurs dans de l'eau. Contrairement aux huiles essentielles, l'hydrolat et l'eau florale sont faiblement concentrés en principes actifs, et peuvent être utilisés sans précaution particulière pour remplacer l'eau de votre fer à repasser. Ceux de lavande ou de fleur d'oranger seront les plus adaptés à ce repassage aromatique.

La vaisselle

On utilise le produit vaisselle quotidiennement et au final cela revient cher. Remplacez-le avec des produits naturels.

Un produit vaisselle

Il vous faut:

- **1 flacon en plastique de récupération bien rincé au préalable**
- **1 cuil. à soupe de bicarbonate de soude**
- **½ verre à moutarde de savon noir liquide ou 60 cl de savon de Marseille liquide (au choix)**
- **½ l d'eau chaude**
- **15 gouttes d'huile essentielle (tea tree, lavande vraie, citrus…)**

Dans un saladier, mélangez le savon, l'huile essentielle et le bicarbonate à l'aide d'une cuillère en plastique. Puis versez dans la bouteille. Agitez le tout. C'est prêt.

Pour l'utiliser, versez la valeur d'1 à 2 cuillères à soupe de liquide concentré dans l'eau et lavez votre vaisselle en insistant sur les zones à dégraisser. Rincez et séchez comme d'habitude.

Un liquide vaisselle bio pour lave-vaisselle

Il vous faut:

- **1 gros pot en verre à couvercle d'une contenance d'1 litre**
- **6 citrons non traités**
- **400 g de gros sel**
- **20 cl de vinaigre blanc**
- **40 cl d'eau**

Lavez les citrons et coupez-les en petits morceaux. Conservez l'écorce mais pas les pépins. Placez les morceaux dans le bol mixeur d'un robot. Ajoutez progressivement le sel. Versez cette pâte dans une casserole. Ajoutez le vinaigre et l'eau et faites chauffer doucement 20 minutes en mélangeant

ASTUCE

Liquide rinçage économique

Le vinaigre blanc remplace le liquide rinçage, tout simplement.

Le saviez-vous ?

Si les verres perdent de leur transparence, c'est que l'eau est très calcaire. Faites tourner votre lave-vaisselle à vide, programme haute température, avec un litre de vinaigre blanc. Vous pouvez aussi augmenter la dose d'acide citrique d'un tiers. Attention, le surdosage d'acide citrique peut mousser au point que celle-ci sorte de la machine. Testez sur une petite quantité et baissez la dose de liquide vaisselle pour le lavage.

régulièrement. Laissez refroidir. Versez cette crème épaisse dans un saladier et mixez de nouveau, il ne doit pas rester de morceaux risquant de boucher le lave-vaisselle. Versez ensuite dans le pot.
Cette crème remplace efficacement le liquide vaisselle industriel. Le dosage est d'une grosse cuillère à soupe dans le compartiment liquide vaisselle.

Un produit vaisselle en poudre pour lave-vaisselle

Pour une trentaine de lavages, il vous faut:

- **1 pot en verre hermétique d'une contenance de 200 g environ**
- **50 g d'acide citrique**
- **50 g de cristaux de soude**
- **50 g de sodium coco sulfate, un tensio-actif (nettoyant) en vente dans les magasins bio, drogueries ou magasins de bricolage ou sur les sites Internet cosméto**
- **25 g de percarbonate de soude**
- **20 gouttes d'huile essentielle de citron (antiseptique, antitartre). Facultatif.**

Versez tous les ingrédients dans le pot. Fermez-le et secouez énergiquement pour bien mélanger.
Une à deux cuillères à soupe de cette poudre dans la trappe pour les pastilles du lave-vaisselle et le tour est joué.

Des dosettes home made

Vous pouvez réaliser des dosettes avec cette poudre. Prélevez une partie du produit vaisselle en poudre terminé. Pulvérisez dessus de l'eau afin de lui permettre de s'agglomérer. Remplissez avec cette pâte les compartiments d'un moule à glaçons. Laissez se solidifier une nuit et démoulez.

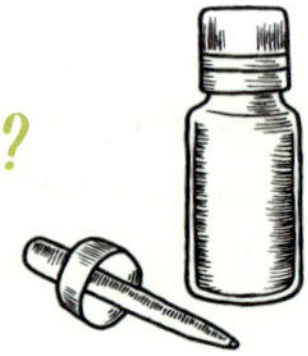

Le saviez-vous ?

Il est possible d'associer plusieurs huiles essentielles: tea tree pour son côté bactéricide, citron pour son côté insectifuge...

Un détachant sol

Cette recette convient aussi bien pour nettoyer le carrelage, les tomettes et le parquet que les surfaces stratifiées. Il se conserve sans problème.

Il vous faut:

- **1 bidon en plastique de 2 litres**
- **75 cl de savon noir liquide pour dégraisser et nettoyer**
- **50 cl d'huile de lin pour nourrir et faire briller**
- **50 cl d'eau**
- **30 gouttes d'huile essentielle**

Versez le tout dans le bidon. Secouez et c'est prêt! Secouez le flacon avant chaque utilisation. Il suffira de mélanger un bouchon de cette solution à 2 litres d'eau pour obtenir des sols, propres, désinfectés et brillants!

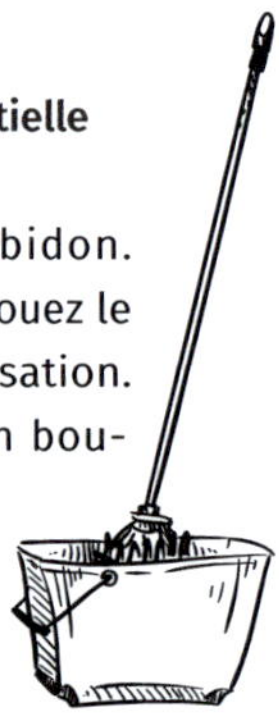

Les vitres et les miroirs

Rien de plus simple à réaliser et le résultat est garanti: propre et sans traces. Ce mélange se conserve sans problème.

Il vous faut:

- **40 cl de vinaigre blanc**
- **10 cl d'eau**
- **5 gouttes d'huile essentielle, de préférence une qui repousse les insectes comme le palmarosa, le géranium ou la lavande (facultatif)**

Mélangez le vinaigre blanc, l'eau et l'huile essentielle de votre choix dans un flacon équipé d'un vaporisateur. Vaporisez sur les vitres et nettoyez de haut en bas avec une éponge puis essuyez avec un chiffon en microfibres.

Le super brillance

Pour des vitres très sales ou vraiment graisseuses, il existe une recette plus puissante.
Il vous faut :

- **500 g de blanc de Meudon**
- **1 verre de savon de Marseille en copeaux**
- **2 verres d'eau chaude**

Mélangez le savon dans l'eau puis ajoutez le blanc de Meudon. Versez la préparation dans un pot. Pour l'utiliser, prélevez un peu de matière et frottez la surface avec. Rincez la surface à l'eau chaude et séchez à l'aide d'un chiffon en microfibres sec.

Le bois

Fragile, le bois a besoin d'être nourri et demande une attention toute particulière sous peine de voir des traces blanches apparaître. Il faut toujours utiliser les préparations liquides avec parcimonie et sécher immédiatement.

La lotion au citron

Pour décrasser, nourrir et protéger les meubles, une petite recette à l'huile et au citron conseillée par les ébénistes. L'huile d'olive nourrit et l'huile essentielle de citron parfume et a une action anti-parasitaire. Cette lotion se prépare d'avance et se conserve au réfrigérateur environ 6 mois. Pensez à étiqueter le produit pour éviter tout risque de confusion.
Il vous faut :

- **1 contenant format spray**
- **5 cuil. à soupe d'huile d'olive**
- **5 cuil. à soupe de jus de citron filtré**
- **15 gouttes d'huile essentielle de citron (*Citrus Limonum*)**

Mélangez l'huile d'olive avec le jus de citron filtré et l'huile essentielle. Versez ce mélange dans un vaporisateur et secouez énergiquement. Il suffit ensuite de vaporiser légèrement sur le meuble avec ce produit et d'essuyer avec un chiffon doux, propre et sec.

ATTENTION : Chaque meuble réagit différemment aux produits. Il est toujours prudent de faire un test dans un coin discret du meuble avant de se lancer.

Une cire maison pour meubles et parquets en bois massif

Le bois massif a besoin d'être nourri. Pour cela, rien de mieux qu'une cire naturelle. La cire d'abeille nourrit et protège et donne une belle patine au bois. En y intégrant quelques gouttes d'huile essentielle de citronnelle, de cèdre de l'Atlas ou encore de lavandin, le bois sera en prime à l'abri des attaques d'insectes ou de parasites indésirables.

Il vous faut :

- **1 bocal en verre à large ouverture avec couvercle**
- **75 g de copeaux de cire d'abeille**
- **75 g d'huile de lin**
- **75 g d'essence de térébenthine**
- **25 gouttes d'huile essentielle (facultatif)**

Dans une petite casserole, faites fondre doucement la cire au bain-marie. Ajoutez délicatement et progressivement l'essence de térébenthine, puis l'huile de lin. Ce mélange est très inflammable. Il faut être très prudent ! Remuez doucement à l'aide d'une cuillère en bois jusqu'à obtenir une pâte homogène. Ajoutez 20 gouttes d'huile essentielle de cèdre de l'Atlas ou de citronnelle ou encore de lavandin (vous pouvez mélanger un peu des huiles). Mélangez encore avec la cuillère en bois qu'il faudra jeter. Versez dans le bocal à couvercle et lais-

ASTUCE

Réussir un bain-marie

Le bain-marie a comme intérêt de faire fondre un produit en douceur. Pour cela, utilisez une grande casserole dans laquelle vous verserez un peu d'eau (2 verres à moutarde environ). Placez le produit dans une seconde casserole. Installez ce récipient dans la grande casserole, afin que le cul de la seconde casserole repose dans l'eau. Faites chauffer à feu moyen. Ainsi le produit n'est pas en contact direct avec le feu, ce qui permet la montée en température en douceur, par l'eau.

Le saviez-vous ?

L'essence de térébenthine n'est pas, comme on le pense parfois, un dérivé du pétrole. Elle provient de la distillation de la résine de certains arbres conifères. On l'utilise comme solvant, mais aussi dans certaines préparations pharmaceutiques. Elle permet de dissoudre la cire d'abeille et fait fuir les insectes cachés dans le bois. Attention ! Elle peut irriter les muqueuses : faites votre préparation dans un local aéré et portez un masque.

sez refroidir plusieurs heures avant de le refermer. Votre cire est prête.

Appliquez cette pâte sur les meubles dépoussiérés et décrassés, avec un pinceau (ce qui évite de se salir les doigts, et de mettre trop de cire) ou un chiffon, en aérant bien la pièce. Laissez sécher, puis lustrez avec un chiffon doux.

De la cire pour les chaussures

Et si vous fabriquiez votre cirage ? Les ingrédients sont les même que pour le bois. Facile à réaliser, le résultat est bluffant : le cuir est nourri et brillant.

Il vous faut :

- **100 g de cire d'abeille**
- **60 cl d'essence de térébenthine**
- **60 cl d'eau bouillante**
- **25 g de savon de Marseille en paillettes**
- **15 g d'huile essentielle (facultatif)**

Faites fondre la cire d'abeille dans une casserole au bain-marie. Versez l'huile de térébenthine dans une autre casserole. Quand la cire a fondu, versez-la délicatement hors du feu sur la térébenthine et mélangez jusqu'à l'obtention d'une solution homogène. Dans une autre casserole, faites fondre les paillettes de savon dans l'eau bouillante et remuez jusqu'à dissolution. Incorporez ce mélange savonneux au mélange cire et térébenthine en remuant rapidement pour obtenir une émulsion. Ajoutez l'huile essentielle et mélangez bien. Laissez refroidir. Versez alors la préparation dans un pot se fermant hermétiquement et laissez reposer plusieurs jours.

Frottez vos chaussures avec ce produit à l'aide d'une vieille chaussette en laine.

Le saviez-vous ?

La cire d'abeille est une substance jaunâtre sécrétée par les abeilles pour fabriquer les rayons de leur ruche. Elle hydrate, protège et assainit.

Les boutiques de décoration, les maisons de parfum et même les grandes surfaces proposent pléthore de parfums d'ambiance et désodorisants. Beaucoup de ces produits n'ont de poétique que leur nom car, fabriqués à partir de produits de synthèse, ils sont plus ou moins bons pour la santé. En diffusant leur parfum, ils propagent des composés organiques volatils (COV), ces petites particules invisibles, irritantes, allergisantes et même cancérigènes. Alors si vous vous lanciez ? Réaliser ses parfums et désodorisants n'est pas si compliqué et le résultat est efficace et naturel.

3

PARFUMS MAISON POUR SA MAISON

LES DÉSODORISANTS

Pas questions d'utiliser les produits du commerce pour éliminer les mauvaises odeurs. Peu écologiques, ils dégagent des COV (composants organiques volatils), véritables polluants de l'air intérieur. Citron, vinaigre et surtout bicarbonate de soude jouent le rôle de neutraliseurs d'odeurs et les huiles essentielles apportent une touche parfumée délicate et naturelle.

Désodoriser les rideaux et la literie

Il existe une potion magique désodorisante à pulvériser sur les rideaux. Il vous faut:

- **2 cuil. à soupe de bicarbonate**
- **6 cuil. à soupe d'eau chaude**
- **10 gouttes d'huile essentielle de lavande vraie ou de tea tree**

Mélangez tous les ingrédients et pulvérisez de ce mélange sur les rideaux et votre matelas. Cela annulera toute odeur et éradiquera les acariens. Il est possible d'ajouter les gouttes d'huile essentielle pour leur parfum et pour leur action purifiante et désinfectante.

ATTENTION : Faites toujours un essai dans un endroit discret, certains tissus peuvent mal réagir. La soie et la laine, en particulier, n'aiment pas le bicarbonate.

Des chaussures sans odeurs

Réalisez des boules désodorisantes. Mettez des gants de caoutchouc. Mélangez dans un bol 1 cuillerée de bicarbonate, 1 cuillerée de farine de maïs (Maïzena) et 1 cuillerée d'argile. Agglomérez le tout en mélangeant avec 20 gouttes d'huile essentielle de tea tree pour son action désinfectante et antifongique. Prenez 2 carrés de vieux collants et placez un peu de cette mixture sur chaque carré. Réunissez les bords en serrant très fort pour obtenir des petites boules compactes puis fermez avec des élastiques. Glissez ces boules dans les chaussures.

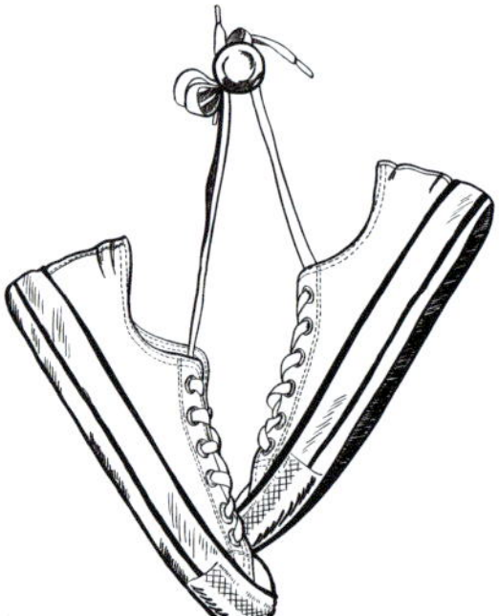

Le saviez-vous ?

Le bicarbonate est un neutraliseur d'odeur bien plus efficace que les produits industriels : il ne masque pas les odeurs, mais les neutralise. De plus, sa composition naturelle le rend inoffensif au niveau de l'air. Il ne se contente pas de piéger les odeurs, mais les ingère grâce à sa grande capacité d'absorption. Mieux encore, il prévient la formation des odeurs. C'est sa propriété de produit tampon qui fait qu'il rééquilibre le pH et détruit les bactéries responsables de ces mauvaises odeurs. Rien de plus simple à utiliser. En disposant dans toutes les pièces, wc compris, des coupelles dans lesquelles vous aurez versé 3 cuillères à soupe de bicarbonate, vous éliminerez toutes les mauvaises odeurs. Placez ces coupelles hors de portée des enfants et changez-les tous les 15 jours.

ATTENTION :

Le bicarbonate garde toujours son aspect pur et blanc, mais il absorbe des composés volatils en suspension dans l'air quelquefois toxiques. Vous devez absolument le jeter dans l'évier ou les toilettes. Cela ne risque rien, il est biodégradable.

Un spray purificateur d'air

Addict des jus d'oranges frais le matin ? Au lieu de jeter la peau, utilisez-la pour réaliser votre spray parfumant aux agrumes. Il se conserve 2 mois minimum.

Il vous faut :

- **1 spray de 250 cl à remplir**
- **Les zestes de 3 oranges et 1 citron ou l'inverse**
- **1/4 de litre de vinaigre blanc**

Placez les zestes dans un grand pot de conserve en verre à fermeture hermétique. Recouvrez-les de vinaigre blanc. Fermez et laissez macérer 10 jours environ à l'abri de la lumière. Passez le mélange à travers un filtre à café pour éliminer toutes les impuretés et les zestes. Versez ensuite dans le spray en prenant soin d'étiqueter au nom du mélange. Vous pouvez vaporiser cette solution dans toutes les pièces et même nettoyer vos surfaces avec, car le vinaigre blanc et le citron

purifient et désinfectent (évitez toutefois le bois, les gouttelettes pourraient le tacher). Quant à l'orange, elle annule l'odeur forte du vinaigre et apporte sa touche acidulée.

Un spray anti-moustiques

« Si vous pensez que vous êtes trop petit pour changer quoi que ce soit, essayez donc de dormir avec un moustique dans votre chambre. » Une citation très juste ! Pour éviter l'expérience, voici une recette express à diffuser dans toutes les pièces. Elle a aussi la qualité de désodoriser. Aucun problème de conservation.

Il vous faut :

- **1 petit vaporisateur**
- **8 cuil. à soupe de jus de citron**
- **2 cuil. à soupe d'alcool à 70° ou de vodka**

Versez dans le vaporisateur. Secouez vigoureusement. C'est prêt à être vaporisé. Évitez de vaporiser sur et au-dessus des meubles en bois, les gouttelettes pourraient tacher.

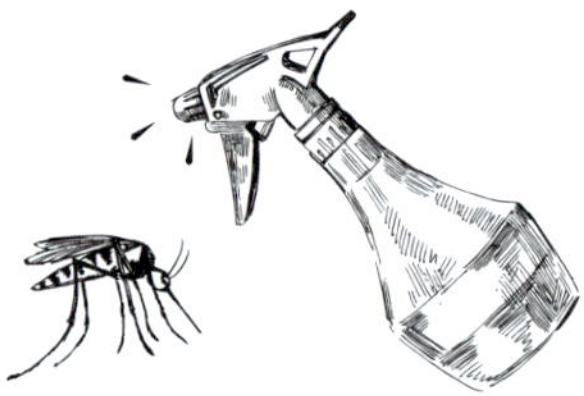

LES PARFUMS D'INTÉRIEUR

Parfumer sa maison au naturel ne demande pas beaucoup d'effort, il existe une véritable panoplie de produits vous permettant de parfumer naturellement votre intérieur. Une bougie par-ci, un pot pourri par-là, le résultat sera à la hauteur de vos attentes : une maison fraîche et saine qui vous ressemble !

Des capillas pour une diffusion lente

Capilla vient de capillarité. Présentés comme un bouquet, les capillas sont constitués d'un flacon rempli à demi d'une solution parfumée et de tiges de rotin dont la base trempe dans cette solution. Absorbantes, les tiges de rotin « boivent » le parfum par capillarité et le diffusent lentement. Les capillas sont parfaits pour installer une ambiance parfumée et longue durée. Et ils sont très simples à réaliser. Lancez-vous !

Il vous faut:

- **1 flacon en verre**
- **10 tiges de rotin genre baguettes à brochettes**
- **25 cl d'alcool à 70° ou de vinaigre blanc**
- **25 cl d'eau**
- **10 gouttes d'huile essentielle de petitgrain bigaradier**
- **10 gouttes d'huile essentielle d'ylang ylang**
- **10 gouttes d'huile essentielle d'orange**
- **10 gouttes d'huile essentielle de lavande vraie**

Mélangez le tout, puis versez dans le flacon en verre. Placez les tiges de rotin dans le flacon comme un bouquet de fleurs. Elles s'imprégneront du parfum et le diffuseront lentement. Vous pourrez réguler l'intensité en ajoutant plus ou moins de tiges.
Il est possible de choisir d'autres huiles essentielles. Dans ce cas, faites des tests avant de réaliser une grande quantité.

Une brume d'oreiller apaisante

Se glisser dans des draps parfumés, rien de mieux pour s'endormir comme un bébé. Présentée sous forme de spray, cette brume est légèrement dosée pour ne pas devenir entêtante. Elle se conserve au moins 3 mois.

Il vous faut:

- **1 petit vaporisateur**
- **30 gouttes d'huile essentielle de lavande vraie**
- **20 gouttes d'huile essentielle de mandarine (zeste)**
- **10 gouttes d'huile essentielle de marjolaine à coquille**
- **45 ml d'alcool à 70 degrés (ou de vodka non odoriférante)**

Mélangez bien les huiles dans l'alcool. Conservez la préparation au réfrigérateur pendant 24 heures, puis versez-la dans le vaporisateur.
Vaporisez un peu de brume (deux ou trois pressions, pas plus) le matin sur le lit refait, puis une petite pression sur l'oreiller le soir avant de vous coucher. Vous pouvez aussi parfumer les rideaux de chambre, les parures de lit et les serviettes.

ATTENTION : Ne choisissez pas des parfums trop sophistiqués. Pour un sommeil parfait, les plus efficaces sont la lavande et les parfums d'agrumes.

ATTENTION : L'utilisation de ces brumes est déconseillée pour les enfants, les femmes enceintes et les personnes épileptiques ou ayant des problèmes respiratoires. Ne vaporisez jamais sur la peau ou dans les yeux.

Une boule d'ambre

Nos grands-mères suspendaient dans le placard par un joli ruban une orange ou un citron piqué(e) de clous de girofle, mais rien ne vous empêche d'innover et de poser votre boule d'ambre tout simplement sur un guéridon ou dans une bibliothèque. Elle est tellement décorative. De plus, l'association du capiteux de l'épice au pétillant de l'agrume est non seulement un régal olfactif, mais c'est aussi la panacée contre les mites, les moustiques et même les mouches !
Il vous faut :

- **1 belle orange ou 1 beau citron**
- **60 à 70 clous de girofle**

Plantez les clous de girofle sur l'ensemble du fruit. Le plus joli est de le recouvrir entièrement avec, mais il est aussi possible de les disposer en créant vos propres motifs. Il suffit ensuite de poser le fruit sur une coupelle ou de l'entourer d'un joli ruban pour le suspendre. Il se conservera 2 mois au minimum, le temps de sécher.

ATTENTION : Ça pique ! Pour ne pas vous faire mal aux doigts en enfonçant les clous de girofle, utilisez des gants ou un torchon épais.

Des palets parfumés anti-mites

Ces petits médaillons diffusent une odeur épicée délicate et en prime font fuir les mites. À glisser dans vos placards mais aussi à disposer aux quatre coins de la maison !
Il vous faut :

- **Des moules à gâteaux individuels**
- **30 g de cire d'abeille**
- **50 g de bicarbonate de soude**
- **1 pincée de poudre de racine d'iris (en vente dans les magasins bio ou sur Internet, facultatif)**
- **30 gouttes d'huile essentielle de cèdre de l'Atlas (ou autre)**

Faites fondre la cire au bain-marie. Ajoutez le bicarbonate, l'huile essentielle et la poudre de racine d'iris. Remuez énergiquement. Coulez dans les moules sans attendre et laissez refroidir une bonne heure. Démoulez, c'est prêt!

Bougie, je me lance!

Vous voulez réaliser vos propres bougies parfumées? Rien de plus facile. Mais pour en obtenir des naturelles, veillez à utiliser les bons ingrédients.

Pour une bougie de 50 mm de diamètre, il vous faut:

- **150 g de flocons de cire de soja sans OGM**
- **1 mèche ronde en coton tressé R3 non cirée**
- **1 socle à mèche**
- **30 gouttes d'huile essentielle**
- **1 pot en verre type pot de yaourt**

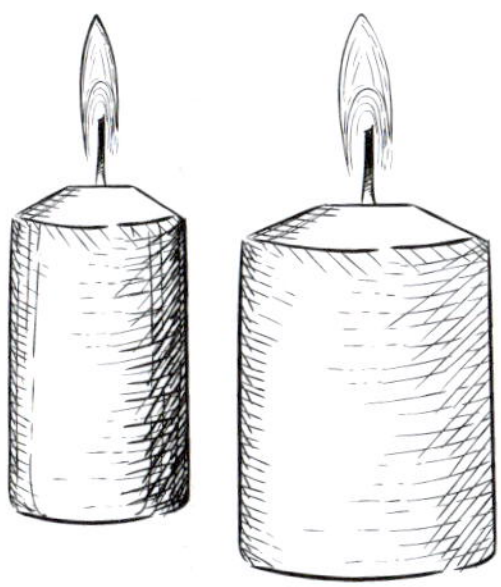

Faites fondre la cire à feu doux dans une casserole au bain-marie. Retirez du feu dès l'obtention d'une « pâte » lisse et sans grumeaux. Primez la mèche en la faisant tremper 2 minutes dans la cire fondue encore chaude. Déposez-la sur une feuille de papier d'aluminium. Elle doit être parfaitement droite. Placez-la telle quelle 5 minutes au congélateur. Pendant ce temps, ajoutez les gouttes d'huile essentielle dans la cire encore chaude. Mélangez avec un fouet.

À chaque bougie, sa mèche

Utilisez uniquement des mèches rondes en coton (les plates sont réservées à la paraffine). Choisissez la taille de la mèche en fonction de la taille de votre moule. Déterminez le diamètre en mesurant le dessus du pot s'il est cylindrique. S'il est évasé, faites une moyenne de la base et du haut.

DIAMÈTRE DES BOUGIES	TAILLES DES MÈCHES
< 15 mm	R0 Mèche ronde N°3
< 25 mm	R1 Mèche ronde N°5
< 45 mm	R2 Mèche ronde N°7
< 60 mm	R3 Mèche ronde N°9
< 90 mm	R4 Mèche ronde N°11

À TESTER! ***Pourquoi ne pas essayer les mèches en bois? Elles crépitent comme un mini-feu de bois quand elles brûlent!***

Le saviez-vous ?

Si la mèche est adaptée, la bougie se consume normalement. Si elle est trop épaisse, elle se consumera rapidement, la flamme vacillera et une fumée noire se dégagera. Si la mèche est trop fine, la bougie se consumera mal et l'excès de cire étouffera la flamme.

Sortez la mèche du congélateur. Avant de la décoller du papier d'aluminium, vérifiez qu'elle soit bien droite et rigide. Sinon, laissez-la durcir encore quelques minutes.

Fixez le socle à la base de la mèche. Placez la mèche dans le pot en prenant soin de centrer parfaitement le socle. Pour le maintenir, collez-le avec un peu de cire fondue et enroulez l'autre extrémité de la mèche sur un crayon que vous poserez sur le verre.

Coulez délicatement la cire fondue dans le pot en veillant à ne pas bouger la mèche.

Laissez durcir au moins 12 heures avant de l'allumer.

Quel parfum choisir ?

Attention à bien respecter la fiche technique de l'huile essentielle et à vérifier systématiquement son point éclair. Pour éviter que votre bougie ne s'enflamme sur la totalité de sa surface, il doit être supérieur à 65 °C. Ce point éclair est précisé sur les emballages d'huiles essentielles et fragrances cosmétiques.

• **Les principales huiles essentielles et fragrances utilisables sans risque (point éclair > 65 °C) :** Amyris, Anis, Basilic tropical, Bois de guaïac, Bois de Hô, Bois de rose, Cade, Camomille allemande, Cannelier feuilles, Cannelle écorce, Cèdre de l'Atlas, Cèdre de Virginie, Citronnelle, Combawa, Copahu, Cyprès bleu, Estragon, Eucalyptus citronné, Gaulthérie, Géranium bourbon, Géranium Égypte, Girofle clous, Girofle feuilles, Inule odorante, Lavande aspic, Lavande fine France, Lavande vraie Bulgarie, Lavandin grosso, Lavandin super, Lemongrass, Litsée citronnée, Livèche, Manuka, Mélisse, Menthe citronnée, Menthe des champs, Menthe poivrée, Myrrhe, Myrte citronnée, Nard jatamansi, Origan vulgaire, Palmarosa, Patchouli, Petitgrain, Rosalina, Santal albal, Tea tree citronné, Vétiver, Xanthoxylum, Ylang-Ylang, Ylang-Ylang complet.

Un pot-pourri de printemps

Facile et rapide à réaliser, le pot-pourri supporte de nombreuses variantes. À vous de l'agrémenter en fonction de vos envies et de vos goûts.

Il vous faut :

- **1 grosse poignée de pétales de fleurs odorantes (rose, lilas, chèvrefeuille, jasmin, géraniums, pivoines, etc.)**

Au choix :

- **Quelques feuilles d'herbes aromatiques (thym, romarin, menthe, feuilles de basilic, de sauge ou de laurier)**
- **L'écorce d'une orange, d'un citron ou d'un pamplemousse (vous pouvez les mixer)**
- **Quelques brins de lavande**
- **1 ou 2 bâtons de cannelle**
- **1 à 2 gousses de vanille, des graines d'anis étoilé, des clous de girofle...**

Disposez les pétales sur la plaque du four recouverte de papier sulfurisé. Faites sécher 1 heure au four à thermostat à 100 °C.

Posez-les délicatement dans un saladier. Ajoutez ensuite des épices sans en abuser, les senteurs se tueraient entre elles. Équilibrez les fragrances fortes, comme le clou de girofle avec des plus douces comme la vanille.

ASTUCE

Une touche d'élégance

Vous pouvez prélever un peu de votre mélange et en remplir des jolis sachets en organza. Ils parfumeront vos piles de linge.

Placez le tout dans un sac en plastique bien fermé (l'air ne doit pas passer).

Laissez reposer une nuit, le temps pour les senteurs de se marier.

Disposez votre mélange dans une coupe.

Ajoutez quelques petites pierres poreuses, galets ou jetons d'apothicaire. Ainsi, quand le parfum s'estompera, il suffira de verser quelques gouttes d'huile essentielle dessus pour le réactiver.

4

LES ANNEXES

CLASSIFICATION ET ÉTIQUETAGE DES PRODUITS CHIMIQUES

AFIN D'HARMONISER LE SYSTÈME DE CLASSIFICATION ET D'ÉTIQUETAGE INTERNATIONAL*, DEPUIS LE 1ER JUIN 2015, UN NOUVEL ÉTIQUETAGE DES PRODUITS CHIMIQUES EST OBLIGATOIRE POUR TOUS LES MÉLANGES (DEPUIS DÉCEMBRE 2010 POUR LES SUBSTANCES).

ÇA SERT À QUOI ? LA CLASSIFICATION DES PRODUITS CHIMIQUES PERMET D'IDENTIFIER LEURS POTENTIELS DANGERS DU FAIT DE LEURSPROPRIÉTÉS PHYSICO-CHIMIQUES, DE LEURS EFFETS SUR LA SANTÉET L'ENVIRONNEMENT.

WWW.INRS.FR/RISQUES/
CLASSIFICATION-ETIQUETAGE-PRODUITS-CHIMIQUES/

ATTENTION : RESPECTEZ LES PRÉCONISATIONS DE L'ÉTIQUETTE POUR MANIPULER LE PRODUIT.

*RÈGLEMENT EUROPÉEN CLASSIFICATION, ÉTIQUETAGE ET EMBALLAGE N° 1272/2008 DIT CLP (CLASSIFICATION, LABELLING AND PACKAGING).

PRODUITS CHIMIQUES

Les 9 pictogrammes de danger

Dangers physiques

J'EXPLOSE
- Je peux exploser, suivant le cas, au contact d'une flamme, d'une étincelle, d'électricité statique, sous l'effet de la chaleur, d'un choc, de frottements...

JE FLAMBE
- Je peux m'enflammer, suivant le cas, au contact d'une flamme, d'une étincelle, d'électricité statique, sous l'effet de la chaleur, de frottements, au contact de l'air ou au contact de l'eau si je dégage des gaz inflammables.

JE FAIS FLAMBER
- Je peux provoquer ou aggraver un incendie, ou même provoquer une explosion en présence de produits inflammables.

JE SUIS SOUS PRESSION
- Je peux exploser sous l'effet de la chaleur (gaz comprimés, gaz liquéfiés, gaz dissous).
- Je peux causer des brûlures ou blessures liées au froid (gaz liquéfiés réfrigérés).

JE RONGE
- Je peux attaquer ou détruire les métaux.
- Je ronge la peau et/ou les yeux en cas de contact ou de projection.

Dangers pour la santé

JE TUE
- J'empoisonne rapidement, même à faible dose.

JE NUIS GRAVEMENT À LA SANTÉ
- Je peux provoquer le cancer.
- Je peux modifier l'ADN.
- Je peux nuire à la fertilité ou au fœtus.
- Je peux altérer le fonctionnement de certains organes.
- Je peux être mortel en cas d'ingestion puis de pénétration dans les voies respiratoires.
- Je peux provoquer des allergies respiratoires (asthme par exemple).

J'ALTÈRE LA SANTÉ OU LA COUCHE D'OZONE
- J'empoisonne à forte dose.
- J'irrite la peau, les yeux et/ou les voies respiratoires.
- Je peux provoquer des allergies cutanées (eczéma par exemple).
- Je peux provoquer somnolence ou vertiges.
- Je détruis l'ozone dans la haute atmosphère.

Dangers pour l'environnement

JE POLLUE
- Je provoque des effets néfastes sur les organismes du milieu aquatique (poissons, crustacés, algues, autres plantes aquatiques...).

inrs Institut national de recherche et de sécurité pour la prévention des accidents du travail et des maladies professionnelles · AA 746

NOTES

UTILE

Les numéros d'urgence

Depuis un mobile

Le 112: numéro d'appel unique des urgences sur le territoire européen, recommandé aux étrangers circulant en France et aux Français circulant à l'étranger.

Depuis un fixe

Le 18: sapeurs-pompiers pour tout problème de secours: accident, incendie.

Le 15: Samu pour tout problème urgent de santé, c'est un secours médicalisé.

Les centres antipoison et de toxicovigilance

Installés dans les centres hospitaliers universitaires, des médecins informent et apportent une aide par téléphone d'urgence suite à une ingestion de produits toxiques, 24h/24h et 7 jours/7 jours.

- Angers: 02 41 48 21 21
- Bordeaux: 05 56 96 40 80
- Lille: 0 800 59 59 59
- Lyon: 04 72 11 69 11
- Marseille: 04 91 75 25 25
- Nancy: 03 83 22 50 50
- Paris: 01 40 05 48 48
- Rennes: 02 99 59 22 22
- Strasbourg: 03 88 37 37 37
- Toulouse: 05 61 77 74 47

Pour plus d'informations:

www.centres-antipoison.net
www.chru-lille.fr/cap/lille.htm

Sources: www.sante.gouv.fr
www.centres-antipoison.net

À lire:

Prévenir les accidents domestiques, Éditions Massin

INDEX

Les produits indispensables

Les produits faits maison

Méthode

Nettoyer

Désodoriser et parfumer

Taches, saletés et nuisibles

Sources

www.actualites-news-environnement.com - www.aroma-zone.com
www.consoglobe.com - www.toutpratique.com
www.notre-planete.info - www.developpement-durable.gouv.fr
www.inrs.fr/risques/-quetage-produits-chimiques/
www.calybeauty.com - www.antigonexxi.com
Centre international de Recherche sur le Cancer (CIRC) - iarc http://www.iarc.fr
www.ineris.fr - www.oqai.fr

Remerciements

Un grand merci pour les conseils et la relecture vigilante d'Isabelle L.

Crédits des illustrations

Dessin de couverture : © Shutterstock

Intérieur : fotolia/acnaleksy ; fotolia/asmakar ; fotolia/canicula ; fotolia/J_ka ; fotolia/kamenuka ; fotolia/kharlamova_lv ; fotolia/Kreatiw ; fotolia/macrovector ; fotolia/Perysty ; fotolia/pim ; fotolia/raven ; fotolia/tsaplia ; fotolia/victoria_novak ; shutterstock/Alfadanz ; shutterstock/ArtMari ; shutterstock/BeatWalk ; shutterstock/bioraven ; shutterstock/Aleks Melnik ; shutterstock/Canicula ; shutterstock/Cat_arch_angel ; shutterstock/chelovector ; shutterstock/Fafarumba ; shutterstock/Jka ; shutterstock/Kamenuka ; shutterstock/Natalya Levish ; shutterstock/nikiteev_konstantin ; shutterstock/overkoffeined ; shutterstock/Pylypchuk ; shutterstock/TashaNatasha ; shutterstock/Yudina Anna ; Sylvain Kaslin.

Direction d'édition : Thierry Lamarre - Édition : Adeline Lobut - Textes : Sylvie Fabre Correction-révision : Isabelle Misery - Coordination éditoriale : Either Studio - Conception graphique, couverture et mise en pages : Either Studio - Éditions Massin - Publiées par Société d'Information et de Créations - SIC - Une société de Marie Claire Album 10, bd des Frères-Voisin 92792 Issy-les-Moulineaux CEDEX 9 - France - Tél. 01 41 46 88 88 -RCS Nanterre 302 114 509 - SARL au capital de 822 000 euros

ISBN : 978-2-7072-1203-0 - N° Éditeur : 38369
Imprimé par Rotolito, Bucarest (Roumanie)
Dépôt légal : août 2020
www.sotrendoo.com